COLEÇÃO

INTELIGÊNCIA ARTIFICIAL

IMPACTOS E TRANSFORMAÇÕES

VOLUME 8

POIESIS E CRIATIVIDADE COM IA

Prof. Marcão - Marcus Vinícius Pinto

Aviso de isenção de responsabilidade:

Observe que as informações contidas neste documento são apenas para fins educacionais e de entretenimento. Todos os esforços foram feitos para fornecer informações completas precisas, atualizadas e confiáveis. Nenhuma garantia de qualquer tipo é expressa ou implícita.

Ao ler este texto, o leitor concorda que, em nenhuma circunstância, os autores são responsáveis por quaisquer perdas, diretas ou indiretas, incorridas como resultado do uso das informações contidas neste livro, incluindo, mas não se limitando, a erros, omissões ou imprecisões.

ISBN: **9798344925400**

Selo editorial: Publicado de forma independente

Sumário

Bem-vindo.

A revolução da inteligência artificial trouxe uma mudança significativa ao conceito de criatividade. No passado, a criação era vista como uma expressão única e subjetiva, exclusiva do ser humano.

Hoje, estamos em um ponto em que a IA não apenas analisa dados ou resolve problemas complexos, mas também participa diretamente do processo criativo.

Este livro, "Poiesis e Criatividade com IA", parte da coleção "Inteligência Artificial: o Poder dos Dados", disponível na Amazon, explora as intersecções, desafios e possibilidades que surgem quando o processo de criação se encontra com a IA.

Esta obra destina-se a profissionais que desejam aprofundar-se nas formas como a IA expande, transforma e, às vezes, desafia a essência da criatividade."Poiesis e Criatividade com IA" é essencial para uma ampla gama de profissionais que atuam na interseção entre tecnologia e criação.

Desenvolvedores de IA e engenheiros de dados encontrarão, neste volume, insights sobre o desenvolvimento de sistemas criativos que, longe de substituir a criatividade humana, colaboram e a amplificam. Com exemplos práticos e estratégias de integração, esses profissionais aprenderão a criar ferramentas que respeitam e enriquecem o processo criativo.

Para designers, artistas e profissionais de comunicação, o livro oferece um guia prático e conceitual para utilizar a IA como suporte ao processo criativo, sem perder a identidade e a intencionalidade da obra.

Como profissionais que lidam com a expressão estética, vocês encontrarão aqui não apenas dicas para preservar a autenticidade em um mundo digital, mas também uma exploração dos limites e possibilidades de criar em colaboração com sistemas inteligentes.

Educadores e pesquisadores em áreas de ciência cognitiva e ciências humanas também encontrarão neste livro uma análise sobre como o conceito de criatividade evolui ao incorporar a IA.

Exploramos temas como intuição, subjetividade e autenticidade, fatores que continuam a diferenciar o criador humano da inteligência artificial. Para esses leitores, o livro oferece uma reflexão crítica sobre a criatividade e uma base sólida para compreender a poiesis como uma forma de resistência e inovação em tempos de automação.

Dividido em capítulos que exploram desde a natureza da criatividade humana até as práticas de colaboração entre humanos e IA, "Poiesis e Criatividade com IA" apresenta uma jornada profunda e prática sobre como criadores de várias áreas podem integrar a IA de maneira eficaz, ética e inovadora.

Ao longo dos capítulos, abordamos temas como:

1   As singularidades da criatividade humana. Analisamos características como subjetividade, intuição e identidade cultural, mostrando o que torna a criação humana inigualável.

2   IA como apoio criativo. Exploramos como a IA pode servir como fonte de inspiração e suporte, mas sem perder de vista a importância da autoria e da poiesis.

3   Práticas de resistência e inovação. Discutimos como o conceito de poiesis pode ser preservado em um mundo digitalizado, com dicas para manter a intencionalidade e a autenticidade.

4   Criatividade colaborativa. Mostramos como a IA e a criatividade humana podem convergir para ampliar possibilidades e criar novos caminhos no processo criativo, seja nas artes, na literatura, na ciência ou no design.

5   Desafios éticos e filosóficos. Levantamos questões sobre o papel da IA na criação e na originalidade, abordando temas como propriedade intelectual, autenticidade e o impacto cultural de uma possível homogeneização criativa.

Em tempos em que a IA transforma todos os aspectos da sociedade, é essencial que aqueles que trabalham com criatividade, inovação e tecnologia compreendam as sutilezas e as implicações da colaboração entre humanos e máquinas.

"Poiesis e Criatividade com IA" proporciona uma leitura que transcende o conhecimento técnico, incentivando uma compreensão profunda dos aspectos humanos da criação e das possibilidades ampliadas pela IA.

Ao ler este livro, você desenvolverá uma base teórica e prática que permitirá aproveitar o potencial da IA de forma intencional e ética, seja na criação de obras de arte, no desenvolvimento de algoritmos ou na comunicação e expressão visual.

Este volume é parte de uma coleção maior, "Inteligência Artificial: o Poder dos Dados", que explora, em profundidade, diferentes aspectos da IA e da ciência de dados.

Os demais volumes abordam temas igualmente cruciais, como a análise preditiva, a ética em IA e o uso de algoritmos avançados para a tomada de decisões.

Ao adquirir e ler os demais livros da coleção, você terá uma visão holística e profunda que permitirá não só otimizar o uso de dados e tecnologia, mas também integrar a IA de forma estratégica, preservando o valor da criatividade humana e o potencial transformador da poiesis.

Boa leitura!
Bons aprendizados!

Prof. Marcão - Marcus Vinícius Pinto

Mestre em Tecnologia da Informação
Especialista em Tecnologia da Informação.
Consultor, Mentor e Palestrante sobre Inteligência Artificial,
Arquitetura de Informação e Governança de Dados.
Fundador, CEO, professor e
orientador pedagógico da MVP Consult.

1 Poiesis e criatividade na era digital: o renascimento da criação em tempos de inteligência artificial.

O conceito de poiesis, oriundo da filosofia grega, refere-se ao ato de "trazer algo à existência" — a manifestação criativa que transforma uma ideia em algo tangível e único.

Diferente da mera produção, a poiesis representa o processo em que o sujeito e sua obra estão intimamente conectados, onde a criação é uma extensão da essência e da experiência do criador.

Na contemporaneidade, a poiesis encontra novos desafios e possibilidades em uma era cada vez mais dominada por tecnologias e inteligências artificiais (IA), onde a linha entre o que é produzido pela mente humana e o que é gerado por algoritmos se torna, frequentemente, nebulosa.

1.1 Poiesis: da filosofia grega à prática contemporânea.

Na filosofia grega, poiesis é uma forma de "trazer algo ao ser", um conceito discutido por pensadores como Platão e Aristóteles. Para eles, a poiesis não era apenas o ato de produzir, mas uma criação que envolve o profundo engajamento do criador com sua obra.

Esse ato criativo envolve uma espécie de transformação, tanto da matéria quanto do próprio sujeito. Martin Heidegger, no século XX, aprofundou esse entendimento ao afirmar que a poiesis revela a essência das coisas, sendo um processo que conecta o ser humano ao mundo e ao próprio ser.

No mundo moderno, onde a produção se tornou sinônimo de consumo e eficiência, a noção de poiesis parece ser constantemente subvertida.

A criação humana, especialmente no campo das artes e da inovação, enfrenta o desafio de diferenciar-se de uma produção industrializada e automatizada.

A IA, com sua capacidade de gerar textos, imagens e até músicas, questiona o valor da criação humana e coloca o conceito de poiesis em uma encruzilhada: será que a criatividade essencialmente humana está sendo desvalorizada ou simplesmente transformada?

1.2   IA na produção artística.

A popularização de ferramentas de IA que criam arte, como o DALL-E e o Midjourney, destaca esse dilema. Esses sistemas são capazes de gerar imagens a partir de descrições textuais, permitindo que qualquer pessoa com uma ideia possa visualizar uma obra de arte sem habilidades técnicas.

No entanto, a arte gerada por IA levanta questões sobre o papel do sujeito criador, pois falta a essas obras o processo transformador da poiesis que envolve a relação entre o artista e sua obra.

Embora a IA reproduza estilos e crie imagens impressionantes, ela não traz à tona um significado pessoal, uma vez que não possui subjetividade.

Para artistas e criadores que veem a poiesis como uma dimensão central da criatividade, a relação com a IA precisa ser repensada. Ela pode servir como ferramenta de apoio, mas nunca como substituto do processo criativo humano.

A verdadeira poiesis, neste caso, estaria em saber combinar a visão subjetiva do artista com as possibilidades da tecnologia, sem permitir que a IA despersonalize a obra.

1.3   Poiesis e a singularidade da experiência humana.

Uma das características essenciais da poiesis é a singularidade que ela carrega, pois, cada criação é o resultado de uma experiência subjetiva, influenciada pelo contexto de vida do criador.

A criação que emerge da poiesis é marcada pela complexidade emocional, cultural e intelectual do sujeito, enquanto a IA, embora impressionante em sua capacidade de simular a criatividade, carece da experiência que embasa a subjetividade humana.

Sistemas como o GPT-3, desenvolvidos pela OpenAI, demonstram que algoritmos podem gerar textos coerentes e até criativos. No entanto, escritores e poetas, ao utilizarem a poiesis em seu trabalho, expressam uma visão de mundo única, refletindo suas vivências, memórias e emoções.

Um romance escrito por uma IA pode ser tecnicamente bem estruturado, mas não possui o "peso" emocional de uma obra que nasce da poiesis de um autor humano, que canaliza sua própria existência em palavras.

Para os escritores, a poiesis torna-se uma ferramenta de resistência: ao invés de depender da IA para produzir uma narrativa, eles são incentivados a mergulhar em suas próprias experiências e criar uma obra que carregue um significado autêntico.

Esse aspecto ressalta o valor da poiesis como forma de expressão humana, desafiando a homogeneidade e a previsibilidade que caracterizam os sistemas baseados em inteligência artificial.

1.4 A poiesis em processos de inovação e criação de conhecimento.

A poiesis também desempenha um papel fundamental no desenvolvimento de ideias inovadoras e na criação de conhecimento científico. O processo criativo de cientistas, engenheiros e pensadores envolve uma imersão pessoal e subjetiva, onde insights inesperados e intuições desempenham papéis fundamentais. Esse tipo de inovação, marcada pela poiesis, contrasta com as abordagens algorítmicas da IA, que dependem da análise de dados e de padrões preexistentes.

No campo da medicina, sistemas de IA são utilizados para identificar padrões em grandes quantidades de dados e auxiliar em diagnósticos.

Porém, as descobertas científicas mais revolucionárias — como a teoria da relatividade de Einstein — surgiram de processos de poiesis, onde o cientista, motivado por uma inquietação pessoal, explora o desconhecido com criatividade e curiosidade.

O processo de descoberta científica não pode ser reduzido apenas à análise de dados; ele envolve questionamentos profundos e explorações que vão além do que é visível e quantificável.

Para profissionais que desejam inovar, a poiesis serve como lembrete da importância da intuição e da curiosidade. Embora a IA possa acelerar a pesquisa e facilitar análises complexas, o valor do pensamento crítico e da exploração subjetiva permanece indispensável na criação de ideias originais.

A poiesis, portanto, atua como uma fonte de resistência contra o reducionismo tecnológico.

1.5 Dicas para resgatar a poiesis no processo criativo.

Valorização do Tempo e do Processo: Em um mundo que valoriza a produção rápida, a poiesis nos lembra da importância de respeitar o tempo necessário para o desenvolvimento de uma criação significativa. Crie momentos de pausa e reflexão no seu processo, permitindo que as ideias amadureçam sem pressão.

1   intuição e curiosidade. ao criar, dê espaço para a intuição. em vez de seguir rigidamente métodos estabelecidos ou soluções de IA, explore suas próprias ideias e questionamentos. a poiesis nasce do desejo de compreender o novo e o desconhecido.

2   Ferramentas tecnológicas como apoio, não substituto. Utilize a IA como ferramenta de apoio, mas mantenha o controle sobre o processo criativo. Lembre-se de que a poiesis é um ato único e pessoal; a tecnologia deve amplificar a sua criatividade, não substituí-la.

3   Interpretação subjetiva. No caso de artes visuais ou escritas, tente canalizar experiências pessoais e emoções para transformar sua criação em algo verdadeiramente único. A poiesis valoriza o "peso" da experiência individual, algo que a IA, sem subjetividade, não pode replicar.

4   Aprendizado contínuo. A poiesis está intimamente ligada ao crescimento pessoal e intelectual. Mantenha-se em constante busca de novos conhecimentos, pois são essas experiências que irão enriquecer sua capacidade criativa e gerar criações mais profundas e significativas.

2 Criatividade e inteligência artificial: convergências e desafios na era das máquinas criadoras.

O conceito de criatividade está profundamente associado à experiência humana: a capacidade de inovar, resolver problemas de forma original e expressar ideias únicas.

No entanto, com os avanços da inteligência artificial (IA), surge uma pergunta fundamental: pode a IA ser verdadeiramente criativa? Ferramentas de IA, como DALL-E, GPT-3 e DeepDream, já demonstraram capacidades de gerar obras visuais, textos, músicas e até soluções complexas para problemas matemáticos.

Esses sistemas abrem novas possibilidades, mas também nos levam a refletir sobre o que, de fato, diferencia a criatividade humana da geração de conteúdos feita por máquinas.

2.1 Criatividade humana: A Singularidade da Intenção e da Experiência.

A criatividade humana é caracterizada pela intencionalidade, pela subjetividade e pelo engajamento emocional do criador. Ela surge de experiências de vida, influências culturais e uma visão única do mundo.

Filósofos e psicólogos como Carl Jung e Mihaly Csikszentmihalyi destacam que o ato criativo humano é um processo complexo e individual, em que emoções, intuição e racionalidade trabalham juntos para criar algo novo e significativo.

Essa singularidade humana é o que torna uma obra de arte profundamente tocante, uma solução inovadora inspiradora e uma invenção tecnológica revolucionária.

A criatividade envolve a capacidade de ver conexões inesperadas e transcender o óbvio, o que demanda reflexão, flexibilidade mental e um profundo senso de identidade e propósito.

2.2   Escrita criativa e narrativas humanas.

Considere o caso de um romance ou de um poema, onde o autor expressa emoções, sentimentos e experiências únicas. Um texto gerado por um sistema como o GPT-3 pode reproduzir a estrutura de uma história, criar personagens e até imitar estilos literários.

No entanto, ao contrário de um escritor humano, ele não tem sentimentos, vivências ou uma motivação real que impulsione a história. Assim, embora o resultado possa ser impressionante em sua forma, ele carece de profundidade emocional e de uma interpretação pessoal do mundo.

Para escritores e criadores, o diferencial está em imbuir a obra de significados e camadas que só podem ser concebidos por meio da experiência subjetiva. Isso levanta a questão sobre o papel da IA: enquanto ela pode apoiar o processo criativo, dificilmente substituirá a visão única que cada pessoa traz à sua arte.

2.3   IA criativa: geração de conteúdos e imitação de padrões.

A inteligência artificial cria com base em padrões: ela analisa milhões de exemplos e, a partir deles, formula novas combinações que, muitas vezes, nos surpreendem pela sua qualidade.

Mas, ao contrário do ser humano, a IA não tem consciência do que está criando; ela gera conteúdos baseados em algoritmos que combinam dados de entrada, mas sem um senso de propósito ou significado.

2.3.1   IA na produção de arte visual.

Ferramentas como o DALL-E da OpenAI são capazes de criar imagens realistas e surreais a partir de descrições textuais, permitindo que qualquer pessoa com uma ideia ou conceito visualize uma obra instantaneamente.

Esse tipo de IA utiliza um vasto banco de dados de imagens para entender e replicar diferentes estilos artísticos. No entanto, a IA não "entende" o que cria — ela não tem uma relação emocional com o produto final. Assim, a criação é essencialmente uma imitação avançada e automatizada, que não envolve reflexão ou intenção.

Para artistas humanos, a arte é uma forma de expressar sentimentos e visões pessoais. Quando uma IA cria uma obra visual, ela segue padrões matemáticos e estatísticos, sem uma intuição estética ou uma busca por significado. Nesse contexto, a IA pode ser vista como uma ferramenta que expande o repertório do artista, mas não como um criador com visão própria.

Apesar das limitações mencionadas, a inteligência artificial representa uma ferramenta poderosa para potencializar a criatividade humana.

Muitas vezes, o processo criativo exige pesquisa e desenvolvimento que demandam tempo e esforço. A IA, ao automatizar essas tarefas e gerar sugestões ou ideias preliminares, pode liberar o criador para se concentrar nas partes mais intuitivas e subjetivas de sua obra.

2.3.2   IA no Design e na Publicidade

Na área de design e publicidade, ferramentas de IA como Canva AI e Adobe Sensei são usadas para gerar sugestões de layouts, identificar paletas de cores harmoniosas e até criar esboços automáticos de anúncios.

Essas ferramentas aceleram o processo criativo, fornecendo ideias iniciais que o designer pode refinar e personalizar. Em vez de competir com a visão humana, a IA torna o processo mais dinâmico e permite que o criador explore alternativas com mais rapidez.

Nesse contexto, a IA funciona como um "assistente criativo" que amplia as possibilidades do artista sem eliminar a necessidade de uma visão pessoal e única.

A criatividade humana, neste caso, se beneficia de uma ferramenta que otimiza o tempo e oferece inspiração, mas a escolha final, o toque intuitivo e a expressão estética são do criador humano.

2.4   Os desafios éticos da criatividade artificial.

A crescente presença da IA na criação também traz desafios éticos. Quando uma obra é gerada por um sistema de IA, surgem questões sobre propriedade intelectual e autenticidade.

Quem é o autor da obra? A empresa que desenvolveu o software? O usuário que forneceu o comando? Além disso, há o risco de que o uso excessivo de IA para gerar conteúdo criativo leve a uma homogeneização cultural, onde obras se tornam produtos genéricos e impessoais, sem o toque de subjetividade humana que caracteriza a verdadeira arte.

2.4.1   Música gerada por ia e propriedade intelectual.

Sistemas como Amper Music permitem que usuários criem faixas musicais únicas ao escolherem alguns parâmetros iniciais, com a IA criando o restante da composição.

No entanto, surgem questões sobre direitos autorais: se a música é criada por uma IA, quem realmente a "possui"? Esse debate se estende ao impacto que a IA pode ter sobre a própria criatividade humana: o uso excessivo de conteúdos gerados por máquinas pode reduzir a diversidade cultural e a inovação?

Para mitigar esses problemas, é importante que os criadores desenvolvam uma ética própria no uso de IA, utilizando essas ferramentas de maneira que complementem, mas não substituam, a autenticidade de suas criações.

2.5 Dicas para equilibrar criatividade humana e IA.

Use a IA como Fonte de Inspiração, Não de Substituição: Utilize ferramentas de IA para gerar ideias ou fazer pesquisas iniciais, mas reserve o processo final para a exploração intuitiva e pessoal, de forma que o produto reflita sua visão única.

1   Personalização e refinamento. Ao usar IA, refine o conteúdo gerado para que ele se alinhe ao seu estilo e propósito. A IA pode criar a base, mas o toque final é o que transforma o trabalho em uma obra pessoal.

2   Explore novas possibilidades. Deixe a IA expandir seu campo de visão e traga à tona novas ideias. Use essas ferramentas para experimentar e sair da zona de conforto, enquanto mantém seu olhar crítico e individual sobre a criação.

3   Desenvolva uma ética criativa. Estabeleça diretrizes para o uso da IA na sua criação. Lembre-se de que a autenticidade é fundamental para o impacto emocional de uma obra.

4   Mantenha o raciocínio crítico. Lembre-se de que a IA, ao criar, opera apenas com padrões. Portanto, ao usar IA para desenvolver conteúdo, sempre se pergunte se o produto final ainda carrega algo de único e humano.

3 A natureza da criatividade humana: singularidades, intuição e identidade cultural.

A criatividade humana é uma das expressões mais complexas e fascinantes da mente, um processo que envolve uma conjunção entre a intuição, a experiência pessoal e a identidade cultural.

Distinta de outras formas de produção, a criatividade humana vai além da técnica, pois resulta em criações que possuem valor estético, funcional e simbólico.

Em um contexto em que tecnologias avançadas, como a inteligência artificial (IA), começam a reproduzir e até simular processos criativos, torna-se essencial examinar as características que tornam a criatividade humana única e incomparável.

3.1 Características e singularidades da criatividade humana.

A criatividade humana não é uma habilidade isolada, mas sim um processo multifacetado que reflete a riqueza da psique humana. Esse processo envolve diversas competências cognitivas, emocionais e culturais.

Em termos filosóficos, a criatividade pode ser vista como um ato de poiesis, o termo grego que remete ao "trazer ao ser", ou seja, transformar ideias abstratas em realidades tangíveis. Mas o que torna a criatividade humana singular?

Primeiro, a criatividade humana é fundamentalmente intencional e subjetiva. Ao contrário de uma IA, que segue padrões de dados preexistentes, o ser humano se engaja em um processo de criação impulsionado por emoções, por uma perspectiva única do mundo e pela busca de significados pessoais. A experiência do autor, sua intuição e sua bagagem cultural moldam cada criação de forma exclusiva.

Um exemplo notável da singularidade criativa é o desenvolvimento do estilo cubista por Pablo Picasso. Embora o cubismo tenha influências de diversas fontes, como as máscaras africanas e a arte clássica europeia, a fusão única de elementos que Picasso fez resultou em algo novo e revolucionário.

Através de sua criatividade, Picasso trouxe ao mundo uma forma inédita de ver a realidade, desconstruindo a perspectiva tradicional e apresentando uma visão multifacetada que questionava a própria percepção humana.

Esse tipo de originalidade é uma expressão autêntica de criatividade humana, onde a intenção e a subjetividade do autor se manifestam em cada escolha artística, algo que uma IA dificilmente poderia replicar.

3.2   Psicologia da criação: intuição, emoção e experiência pessoal.

A psicologia da criação sugere que o processo criativo humano é mais intuitivo do que racional, e frequentemente envolve o que chamamos de insight — aquele momento em que uma ideia parece surgir espontaneamente, como se estivesse "flutuando" na mente antes de ser capturada.

Esse tipo de intuição criativa é um misto de experiência acumulada, emoções e estímulos inconscientes. A criação surge não apenas de pensamentos ordenados, mas de uma rica tapeçaria mental que inclui memórias, desejos, e até mesmo medos e incertezas.

A intuição também desempenha um papel importante em campos como a ciência. Um exemplo clássico é o momento em que o químico August Kekulé descobriu a estrutura do benzeno.

Kekulé relatou que a descoberta ocorreu enquanto ele estava em um estado semiconsciente, sonhando com uma serpente que mordia a própria cauda, formando um círculo.

Esse "insight" permitiu que ele visualizasse a estrutura de anel do benzeno, algo que ele não havia conseguido resolver através de métodos racionais. Esse processo de criação intuitiva exemplifica uma característica essencial da criatividade humana que a IA não possui: a capacidade de conectar ideias a partir de experiências subjetivas e simbólicas.

3.3   O papel da subjetividade e da identidade cultural na criação.

Além da intuição e da emoção, a criatividade humana é influenciada pela identidade cultural. Cada criação humana carrega consigo uma intersecção de valores, símbolos e referências que são específicos do contexto cultural do criador.

A identidade cultural é um aspecto que permite à criatividade transcender o individual e se conectar ao coletivo, transmitindo mensagens que refletem uma comunidade ou até uma época histórica.

A criação literária, por exemplo, é altamente dependente da subjetividade e da cultura. Obras como Cem Anos de Solidão de Gabriel García Márquez não poderiam ser concebidas fora do contexto cultural da América Latina.

Márquez utiliza elementos da história e da cultura latino-americana para criar um universo que fala tanto ao individual quanto ao coletivo, uma característica profundamente humana e que dificilmente poderia ser replicada por uma máquina.

A música de John Coltrane é outro exemplo do impacto da identidade cultural na criação.

Coltrane incorporou elementos do jazz afro-americano, mas também explorou influências de outras culturas, como a música indiana e o espiritualismo.

Seu álbum A Love Supreme é uma expressão de seu próprio caminho espiritual e cultural. Ele cria uma ponte entre a cultura afro-americana e um senso universal de transcendência.

Este tipo de criação, que integra aspectos culturais e pessoais, demonstra como a criatividade humana é inseparável de suas raízes culturais, algo que nenhuma IA pode reproduzir, pois lhe falta uma experiência cultural vivida.

3.4   A criatividade humana em contraste com a ia: o valor da subjetividade.

A inteligência artificial, apesar de seus avanços, opera por meio de padrões e algoritmos, sem qualquer experiência ou vivência emocional.

Os sistemas de IA, como o GPT-3, podem produzir textos sofisticados, e redes neurais como o DALL-E podem gerar imagens visuais complexas.

No entanto, essas criações são o produto de dados preexistentes e não refletem uma visão subjetiva do mundo. A IA é programada para criar com base em exemplos anteriores, mas carece da capacidade de questionar, duvidar ou inovar de forma significativa.

Para fortalecer a singularidade criativa, recomendo alguns exercícios práticos que incentivam o pensamento criativo e a subjetividade:

1   Diário criativo. Reserve alguns minutos por dia para escrever livremente sobre qualquer tema que vier à mente. A prática de escrita diária ajuda a liberar a criatividade e a encontrar novas ideias que, de outra forma, permaneceriam inconscientes.

2   Exploração cultural. Exponha-se a culturas e artes diferentes da sua. Ao se conectar com expressões culturais variadas, você

amplia sua perspectiva e encontra novas inspirações que enriquecem seu processo criativo.

3   Auto-reflexão e mindfulness. A prática de mindfulness permite que o criador se conecte com suas próprias emoções e intuições. Esses momentos de introspecção são essenciais para acessar o aspecto mais subjetivo e intuitivo da criatividade.

3.5   Criatividade coletiva e as potencialidades da ia como ferramenta de suporte.

Embora a IA não possua criatividade subjetiva, ela pode funcionar como uma ferramenta de apoio ao processo criativo humano, ampliando possibilidades e explorando alternativas.

Em atividades como a criação de músicas, design visual e até escrita criativa, a IA permite que o criador visualize ideias e testes de maneira rápida e diversificada.

Porém, a criação final e autêntica permanece nas mãos do criador humano, que é o único capaz de infundir a obra com significado e intenção.

Na publicidade e no design gráfico, ferramentas de IA como o Adobe Sensei são utilizadas para sugerir cores, organizar layouts e até gerar padrões visuais.

Designers humanos podem usar esses recursos como pontos de partida para suas criações, mas o refinamento e a personalização permanecem no campo da subjetividade humana. Ao utilizar a IA como ferramenta, o designer ainda precisa de intuição e sensibilidade estética para criar algo original e significativo.

3.6   Conclusão.

A verdadeira criatividade humana, ancorada na poiesis, é mais do que uma simples combinação de elementos e ideias. Ela é uma expressão da alma, uma junção de intuição, experiência e subjetividade cultural.

Ao contrário da IA, que reproduz padrões, a criatividade humana é capaz de transcender o presente e criar algo genuinamente novo e transformador. Ao entender a natureza singular da criatividade humana, podemos proteger e nutrir essa habilidade, usando a IA como um apoio e não como um substituto.

4 Poiesis e o processo criativo: dicas práticas para criadores na era digital

Em um mundo onde a tecnologia digital redefine a maneira como criamos e consumimos conteúdo, o conceito de poiesis — o ato de "trazer algo à existência" em sua forma mais genuína e autêntica — assume um papel essencial.

A poiesis envolve a criação a partir de uma intenção pessoal e subjetiva, um processo que não se resume à simples combinação de elementos, mas que está impregnado da visão, da identidade e da experiência do criador.

Na era digital, marcada pela automação e pela inteligência artificial (IA), o desafio para os criadores é preservar a essência da poiesis, evitando que suas criações se tornem genéricas e sem alma.

4.1 Como preservar a poiesis em um mundo digital: autenticidade e conexão pessoal.

O processo de poiesis envolve a capacidade de criar a partir da essência, conectando-se com o que é único e verdadeiro dentro de cada criador. Em um ambiente digital, em que ferramentas como IA, edição automática e filtros criativos estão ao alcance de todos, a originalidade e a autenticidade correm o risco de ser substituídas por soluções padronizadas.

Manter a conexão pessoal na criação digital é, portanto, um exercício de resistência contra a massificação.

Na fotografia, a era digital trouxe inúmeras facilidades, desde a edição em software como o Adobe Lightroom até filtros prontos em redes sociais.

Embora essas ferramentas possam melhorar uma imagem, elas também podem transformar a fotografia em uma simples repetição de efeitos populares.

Fotógrafos que preservam a poiesis evitam essa armadilha explorando seu estilo pessoal: em vez de confiar exclusivamente em filtros, experimentam iluminação, ângulos e enquadramentos que representam sua visão única.

Para manter a autenticidade, crie uma "paleta" pessoal de elementos visuais que represente seu estilo. Experimente manualmente diferentes configurações em vez de utilizar apenas filtros automáticos. Essa abordagem ajuda a preservar a identidade da obra e conecta o criador ao processo.

4.2 Ferramentas de ia como apoio criativo, sem perder a identidade da obra.

A inteligência artificial oferece uma série de ferramentas para apoiar o processo criativo, como geradores de ideias, sugestões de cores e recomendações automáticas de composição.

No entanto, para que a poiesis seja preservada, é fundamental que o criador utilize essas ferramentas como auxiliares, e não como substitutos do processo criativo. A IA pode ser uma fonte de inspiração, mas a responsabilidade final sobre a direção criativa e a identidade da obra permanece com o criador.

Na literatura, ferramentas como o GPT-4o da OpenAI podem gerar textos e até sugerir enredos. Contudo, escritores que desejam manter a poiesis em sua obra usam a IA como ponto de partida, não como roteirista.

Por exemplo, um escritor pode usar o GPT para gerar algumas linhas de diálogo e, em seguida, ajustar e reescrever esses diálogos com base na profundidade emocional e na trajetória dos personagens.

A IA oferece possibilidades, mas cabe ao criador dar vida e autenticidade à obra.

Dica Prática: Ao utilizar IA em qualquer projeto criativo, sempre revisite e personalize o conteúdo. Use as sugestões da IA como um "rascunho inicial", modificando-o para que ele se alinhe à sua visão e intuição. Essa prática ajuda a garantir que o processo permaneça enraizado na poiesis e na expressão pessoal do criador.

4.3 Práticas de resistência: intuição, reflexão e experimentação.

Manter a poiesis no processo criativo digital exige resistência à tentação da automação completa. A intuição, a reflexão e a experimentação são práticas essenciais para manter a criação ancorada na autenticidade e na conexão pessoal.

1   Intuição. A intuição é o elemento que orienta o criador para escolhas não convencionais e instigantes.

   Em um ambiente onde algoritmos sugerem caminhos "mais fáceis" e onde padrões estéticos se tornam virais, confiar na intuição é uma forma de preservar a originalidade.

   Quando a mente está sobrecarregada de referências externas, a intuição enfraquece. Por isso, é importante dedicar momentos de pausa e de silêncio mental para que a intuição se manifeste.

   Estabeleça um "ritual criativo" que inclua momentos de introspecção. Desconecte-se de estímulos digitais antes de iniciar o processo criativo. Isso permite que sua intuição tenha espaço para guiar o processo sem interferências externas.

2   Reflexão. A reflexão é uma prática de autoanálise que permite ao criador avaliar seu próprio processo e questionar as escolhas feitas.

Em tempos de criação acelerada, a reflexão atua como uma âncora para manter a obra fiel à visão original. Para isso, é útil revisitar as próprias intenções e o objetivo que motivou a criação.

Após cada sessão de criação, reserve um tempo para refletir sobre o que foi produzido. Pergunte-se: "Esse resultado está alinhado com a minha visão original? Estou me expressando de forma autêntica?".

Esse processo ajuda a manter o foco no que realmente importa e a resistir à influência excessiva das ferramentas automáticas.

3   Experimentação. A experimentação permite ao criador explorar o inesperado e encontrar novas possibilidades.

Ao experimentar, o criador sai da zona de conforto e se abre para o risco, uma parte importante do processo de poiesis. A IA, com suas sugestões padronizadas, pode limitar essa exploração se não for usada com cuidado.

No design gráfico, um criador pode experimentar diferentes combinações de formas, texturas e cores em vez de aceitar automaticamente as sugestões de harmonia de cores da IA. Ao sair das convenções, o criador tem a chance de descobrir novos caminhos estéticos que refletem melhor sua identidade e visão.

Para manter a experimentação ativa, estabeleça um período "livre de regras" em seu processo criativo. Desafie-se a criar uma versão que fuja das normas ou das sugestões automáticas da IA. Essa prática incentiva a liberdade criativa e a expressão autêntica.

4.4 Conclusão: poiesis em tempos digitais.

Preservar a poiesis em uma era de criação digital exige comprometimento e conscientização. A autenticidade e a conexão pessoal são os elementos que diferenciam a criação humana da produção automática e mecânica.

Ferramentas de IA podem enriquecer o processo criativo, mas é essencial que o criador mantenha o controle sobre a direção e o significado da obra.

Ao valorizar a intuição, a reflexão e a experimentação, o criador não só preserva a poiesis, mas também garante que sua obra permaneça um reflexo autêntico de sua visão e identidade.

5 Poiesis e a transformação da inteligência artificial no cenário organizacional

No mundo contemporâneo, onde a tecnologia está cada vez mais entrelaçada com o quotidiano das organizações, a inteligência artificial (IA) surge como um instrumento de grande impacto na tomada de decisão.

No entanto, além da funcionalidade técnica, existe um conceito que ressoa profundamente no contexto atual: poiesis, termo grego que pode ser traduzido como "a capacidade de trazer algo à existência".

Em uma era de IA, essa criação consciente e reflexiva assume novos contornos, especialmente quando analisada sob a perspectiva da gestão e da estratégia de negócios.

Peter Drucker, em seu trabalho pioneiro sobre gestão eficaz, sempre enfatizou a importância de criar valor dentro das organizações. Para Drucker, o sucesso dos negócios depende da capacidade de uma organização de inovar e produzir resultados significativos.

5.1 Poiesis e Peter Drucker.

A poiesis, nesse contexto, pode ser entendida como o processo criativo e intencional que vai além da automação de tarefas ou da simples eficiência operacional.

É o ato de gerar valor em nível estratégico, trazendo à existência não apenas produtos ou serviços, mas também novas formas de pensar e estruturar o trabalho.

Ao considerar a poiesis em tempos de IA, é crucial entender que a tecnologia por si só não é suficiente para garantir a inovação. A verdadeira transformação ocorre quando as máquinas são vistas como ferramentas que expandem o potencial humano, e não como substitutos dele.

A IA tem a capacidade de realizar tarefas analíticas e repetitivas com grande eficiência, mas a criação — o elemento mais humano da poiesis — ainda depende da intuição, do pensamento crítico e da capacidade de se adaptar a mudanças imprevisíveis.

Um exemplo clássico que ilustra essa interação entre IA e poiesis pode ser encontrado na indústria automotiva. Grandes fabricantes como Tesla e Toyota usam IA em vários estágios do processo de produção, desde a otimização das cadeias de suprimentos até a automação das linhas de montagem.

No entanto, o design de veículos - a visão que determina o design, a funcionalidade e a integração tecnológica - ainda depende profundamente da criatividade humana.

A IA ajuda na eficiência, mas o impulso criativo que impulsiona a inovação disruptiva vem de engenheiros, designers e estrategistas que veem além dos números e algoritmos.

Neste ponto, é essencial mencionar uma das máximas de Drucker: "A melhor maneira de prever o futuro é criá-lo". Poiesis na era da IA, portanto, não significa apenas usar ferramentas tecnológicas para produzir resultados mais rápidos ou mais baratos.

Trata-se de usar essas ferramentas para moldar o futuro de forma estratégica e criativa, alinhando a capacidade analítica das máquinas com a visão criativa humana.

5.2   Poiesis e Aristóteles.

Citando Aristóteles, que introduziu o conceito de poiesis como uma ação deliberada de trazer algo à existência, podemos refletir sobre como, na gestão contemporânea, o ato de criar não é meramente técnico, mas também filosófico.

O gerente moderno e equipado com IA não deve apenas executar o possível; Deve imaginar o que ainda não é, criar o novo e assim transformar a organização em algo mais do que a soma de suas partes tecnológicas.

Drucker também enfatizou que o foco da gestão deve estar sempre nas pessoas e nos resultados. Nesse sentido, o uso da IA deve ser direcionado para ampliar a capacidade humana, permitindo que gestores e colaboradores se dediquem a atividades que exijam intuição, julgamento e inovação.

O erro mais comum das empresas, como alertou Drucker, é confundir eficiência com eficácia. A implementação da IA sem uma reflexão mais profunda sobre seu impacto na criação de valor pode levar a uma organização mecanizada, mas não necessariamente criativa ou bem-sucedida.

5.3   Poieses e tecnologia.

A poiesis tecnológica é, portanto, o ato de colocar as ferramentas digitais a serviço de uma visão humana e criativa. E isso requer gerentes que não sejam apenas tecnicamente competentes, mas também estrategicamente visionários.

Assim como um escultor molda matéria-prima para criar uma obra de arte, o gestor deve usar a IA como ferramenta para modelar o futuro da organização.

Em tempos de inteligência artificial, a verdadeira questão não é o que a tecnologia pode fazer por nós, mas o que podemos criar por meio dela.

A Poiesis nos desafia não apenas a utilizar a IA, mas a transcender sua funcionalidade, transformando-a em um catalisador de inovação e valor sustentável. O futuro pertence, não às máquinas, mas àqueles que sabem como moldar seu poder criativo.

5.4   Criatividade versus Poiesis.

A diferença entre criatividade e poiesis está na natureza e no escopo de cada conceito, embora ambos estejam profundamente ligados ao processo de criação.

A criatividade pode ser definida como a capacidade de gerar ideias, soluções ou conceitos originais e inovadores. Está associado a uma abordagem mental que explora o novo, o inesperado e o que desafia o status quo.

A criatividade é muitas vezes vista como um traço individual, algo espontâneo e emergente da imaginação humana e da capacidade cognitiva.

Por outro lado, poiesis, que deriva do grego "trazer à existência", refere-se ao ato deliberado de criação, onde a ideia não apenas surge, mas é intencionalmente realizada em algo tangível.

Enquanto a criatividade é mais conceitual e fluida, a poiesis é o processo de transformar o que é criativo em realidade, seja um produto, uma ação ou uma mudança significativa.

Portanto, a poiesis é mais pragmática e orientada para resultados, englobando a transformação de ideias em algo real e tangível.

5.4.1   Inteligência Artificial e Criatividade

A inteligência artificial avançou para campos que antes eram considerados estritamente humanos, como o reconhecimento de padrões criativos.

Embora a IA seja uma ferramenta poderosa para impulsionar a criatividade, ela ainda não é criativa de forma autônoma no sentido humano.

A IA pode gerar variações em padrões existentes, como em ferramentas que compõem música, arte digital ou literatura, usando grandes volumes de dados para aprender e emular estilos.

Um exemplo é o algoritmo de IA que compõe música no estilo de compositores clássicos ou produz arte visual baseada em padrões históricos.

No entanto, a criatividade na IA geralmente é limitada pela capacidade de inovar além dos dados que a alimentam. Inovações verdadeiramente disruptivas, aquelas que rompem com os padrões estabelecidos e criam algo genuinamente novo, ainda são prerrogativa da mente humana.

A IA pode expandir o potencial criativo fornecendo novas combinações de ideias ou soluções que não seriam facilmente acessíveis à mente humana, mas é o ser humano que realmente atribui significado, contexto e valor a essas criações.

5.4.2   Inteligência Artificial e Poiesis.

No campo da poiesis, a IA tem um papel ainda mais significativo, potencializando o processo de transformar ideias em realidade de forma prática e eficiente.

Com sua capacidade de processar grandes volumes de dados, realizar análises complexas e automatizar tarefas repetitivas, a IA é uma ferramenta poderosa para quem quer transformar suas ideias criativas em produtos ou serviços concretos.

Por exemplo, uma empresa pode usar a IA para acelerar o desenvolvimento de um novo produto modelando virtualmente diferentes protótipos, prevendo o comportamento do mercado ou otimizando a produção.

A poiesis acontece quando a tecnologia é aplicada estrategicamente para dar forma a ideias criativas. Aqui, a IA não substitui a visão humana, mas expande suas capacidades, permitindo que os processos criativos sejam realizados com mais rapidez, precisão e eficiência.

Em setores como manufatura, design de produto e até mesmo em campos criativos como arquitetura ou moda, a IA facilita o caminho entre a concepção e a materialização.

Ao integrar a IA em fluxos de trabalho criativos e inovadores, indivíduos e organizações podem transformar ideias abstratas em resultados concretos com menos restrições de tempo e recursos.

5.5   O potencial conjunto da IA na criatividade e na poiese.

A inteligência artificial, quando usada como ferramenta, pode aumentar a criatividade e a poiesis. No campo da criatividade, a IA pode sugerir novas direções, oferecer insights inesperados ou apresentar dados de maneiras que ampliam a visão humana.

Na poiesis, a IA atua como um catalisador, tornando o processo de execução e realização de ideias mais ágil e preciso.

Um exemplo claro desse potencial conjunto pode ser observado na arquitetura. Projetos criativos podem ser esboçados por humanos, mas o uso de IA em simulações estruturais e cálculos de eficiência energética facilita a poiesis, transformando esboços criativos em construções viáveis, otimizadas e sustentáveis.

Nesse caso, a IA não apenas acelera o processo de construção, mas também garante que a visão criativa original seja realizada de maneira prática e eficaz.

6 Criatividade humana e IA no futuro: colaboração ou competição?

À medida que a inteligência artificial (IA) avança e demonstra habilidades cada vez mais sofisticadas na criação de textos, imagens, músicas e outros conteúdos, o futuro da criatividade humana parece dividido entre dois cenários possíveis: colaboração ou competição.

A IA já provou ser uma ferramenta poderosa para expandir as possibilidades criativas, mas também levanta questões sobre a sustentabilidade e o valor da criatividade humana em um mundo onde máquinas podem replicar processos criativos em velocidade e escala incomparáveis.

6.1 Perspectivas para a integração da IA em práticas criativas.

A integração da IA em práticas criativas já é uma realidade em áreas como design gráfico, publicidade, música e até cinema.

Ferramentas de IA, como DALL-E e Midjourney para criação visual e ChatGPT para geração de textos, oferecem uma agilidade inédita na criação de conteúdos, acelerando o processo criativo e permitindo que profissionais explorem múltiplas ideias em um curto espaço de tempo.

Em vez de substituir a criatividade humana, a IA abre portas para novas formas de experimentação e facilita o desenvolvimento de projetos complexos que exigiriam recursos massivos de tempo e energia.

Por outro lado, a integração da IA nas práticas criativas desafia o papel tradicional do criador, questionando onde termina a contribuição da máquina e começa a do humano.

A automação de etapas do processo criativo pode, em alguns casos, levar à homogeneização dos conteúdos, uma vez que algoritmos trabalham com padrões e referências preexistentes, dificultando a criação de algo verdadeiramente original e inovador.

6.2   IA no design de moda.

A indústria da moda é um exemplo notável de como a IA pode ser integrada às práticas criativas.

Empresas como a Tommy Hilfiger e a H&M já utilizam IA para prever tendências e desenvolver novas coleções. Esses sistemas analisam milhões de dados de preferências dos consumidores, identificam cores, cortes e estilos populares e até sugerem designs.

No entanto, os estilistas que trabalham com a IA como parceira mantêm o papel central de dar identidade às peças, garantindo que cada coleção traga uma visão única e pessoal.

Ao integrar a IA em qualquer projeto criativo, é fundamental manter uma visão crítica e intencional. Defina claramente os elementos que são essenciais para expressar sua identidade criativa e garanta que a IA seja usada como suporte, e não como fonte principal.

Esse equilíbrio permite que o criador explore as possibilidades oferecidas pela IA sem perder a originalidade.

6.3   IA e criatividade colaborativa: ampliando as possibilidades humanas.

A criatividade colaborativa entre humanos e IA é uma abordagem que valoriza o potencial combinado dessas duas inteligências. Em vez de competir, a IA pode trabalhar como parceira, assumindo funções de suporte e ajudando a expandir as capacidades do criador humano.

A IA é excepcional em realizar tarefas repetitivas e em identificar padrões, enquanto os humanos trazem subjetividade, intuição e flexibilidade para a criação.

Esse modelo de colaboração é especialmente vantajoso em áreas onde a complexidade dos projetos exige inovação rápida e recursos extensivos.

A IA pode acelerar o processo criativo, permitindo que artistas, designers e cientistas experimentem com mais ideias, reduzindo os limites impostos pelo tempo e pelos recursos. No entanto, para que essa colaboração seja autêntica e enriquecedora, é importante que o papel da poiesis humana não seja diluído.

6.4   IA na composição musical.

Ferramentas de IA como Amper Music e AIVA (Artificial Intelligence Virtual Artist) já estão sendo utilizadas na composição musical, permitindo que músicos explorem novas combinações de ritmos e harmonias.

Alguns artistas utilizam a IA para compor bases e harmonias, que eles então refinam e personalizam para criar composições únicas. Essa abordagem colaborativa amplia o campo de possibilidades, permitindo que os músicos experimentem de forma rápida e intuitiva, mas preservando a intencionalidade humana no produto final.

Use a IA para explorar ideias iniciais e obter insights novos, mas finalize e personalize a obra para que ela represente seu estilo e visão únicos. A colaboração ideal entre IA e criatividade humana é aquela onde o criador vê a IA como uma ferramenta para ampliar possibilidades, sem sacrificar a autenticidade de sua expressão.

6.5   O Papel da poiesis como resistência e inovação em tempos de tecnologia.

Em um cenário onde a IA avança e a automação está cada vez mais presente, a poiesis — o ato de trazer algo novo ao ser com uma intenção genuína e subjetiva — torna-se um ato de resistência.

A poiesis não é apenas criação; é um processo em que o criador se engaja profundamente com a obra, transformando e sendo transformado por ela. Em tempos de IA, a poiesis representa um compromisso com a autenticidade e com o significado pessoal que transcende o padrão.

A poiesis é uma lembrança de que a criatividade humana vai além da lógica e dos dados. Ela incorpora experiência, emoções e a singularidade de uma visão pessoal, aspectos que a IA, por mais avançada que seja, ainda não pode replicar.

Em vez de competir com a IA, a poiesis permite que o criador resista à padronização, preservando uma dimensão da criação que é exclusivamente humana.

6.6   Arte contemporânea e a poiesis como resposta à IA.

Na arte contemporânea, muitos artistas vêm utilizando a poiesis como uma resposta à tecnologia, criando obras que exploram a subjetividade humana em um contexto de alta automação.

A artista plástica Anicka Yi, por exemplo, utiliza tecnologias avançadas, como biologia sintética e perfumaria, para criar instalações sensoriais que questionam a relação entre tecnologia, natureza e humanidade.

Yi transforma cada criação em uma experiência profundamente pessoal e sensorial, enfatizando a conexão entre o criador e a obra, e oferecendo ao público algo que a IA não pode reproduzir: a experiência autêntica e subjetiva.

Ao se engajar no processo criativo, busque formas de infundir a obra com experiências pessoais e interpretações que transcendem os padrões.

Lembre-se de que a poiesis é um processo transformador, tanto para o criador quanto para a obra, e se permite a liberdade de questionar, experimentar e inovar sem seguir modelos predeterminados.

6.7 A poiesis e o futuro da criatividade humana.

O futuro da criatividade humana em um contexto de IA depende da capacidade dos criadores de se manterem fiéis ao processo de poiesis, preservando a intuição e a subjetividade que tornam cada obra única.

A IA pode e deve ser usada como uma ferramenta para expandir as possibilidades criativas, mas a verdadeira criação nasce de uma conexão pessoal, que reflete o que há de mais profundo e singular em cada ser humano.

A colaboração entre IA e humanos tem o potencial de enriquecer o processo criativo, mas é essencial que o papel do criador humano continue sendo o centro de cada projeto.

Ao valorizar a poiesis e integrar a IA como uma parceira e não como uma substituta, os criadores poderão utilizar o melhor de ambos os mundos: a eficiência e a inovação tecnológica, combinadas com a profundidade e a autenticidade humanas.

7 Conclusão.

Neste livro, percorremos as complexidades e sutilezas da poiesis e criatividade no contexto da inteligência artificial, investigando como a IA pode transformar e expandir o processo criativo, ao mesmo tempo que desafia a autenticidade e a subjetividade da criação humana.

Analisamos o papel singular da poiesis como resistência e inovação, um processo que continua a distinguir a criatividade humana de produções automatizadas. Exploramos a colaboração entre IA e humanos, mostrando como essa integração pode abrir novos caminhos para a criação, desde que mantidos os princípios de intencionalidade e identidade.

A reflexão sobre o uso ético e equilibrado da IA como ferramenta criativa também se destacou, evidenciando o papel dos criadores em preservar a originalidade e a autenticidade em tempos de automação.

Os capítulos abordaram temas essenciais, desde as singularidades da criatividade humana — como a intuição, a subjetividade e a bagagem cultural — até a prática de utilizar a IA de forma colaborativa, sem perder a autoria e a essência da criação.

Com exemplos práticos e diretrizes, oferecemos ao leitor ferramentas para lidar com as oportunidades e os desafios da era digital, de modo a garantir que o processo criativo continue a ser uma expressão genuína do ser.

Entretanto, este é apenas um passo de uma jornada essencial no campo da inteligência artificial. Este volume é parte de uma coleção maior, "Inteligência Artificial: O Poder dos Dados", que explora, em profundidade, diferentes aspectos da IA e da ciência de dados.

Os demais volumes abordam temas igualmente cruciais, como a integração de sistemas de IA, a análise preditiva e o uso de algoritmos avançados para a tomada de decisões.

Ao adquirir e ler os demais livros da coleção, você terá uma visão holística e profunda que permitirá não só otimizar a governança de dados, mas também potencializar o impacto da inteligência artificial nas suas operações, criando um entendimento abrangente e estratégico da IA como um fator transformador e essencial para o futuro.

8 Referências bibliográficas.

BROWN, Brené. The Gifts of Imperfection: Let Go of Who You Think You're Supposed to Be and Embrace Who You Are. Hazelden Publishing, 2010.

CARR, Nicholas. *The Shallows: What the Internet is Doing to Our Brains*. W.W. Norton & Company, 2010.

CSIKSZENTMIHALYI, Mihaly. Creativity: Flow and the Psychology of Discovery and Invention. HarperCollins, 1996.

GARDNER, Howard. Creating Minds: An Anatomy of Creativity Seen Through the Lives of Freud, Einstein, Picasso, Stravinsky, Eliot, Graham, and Gandhi. Basic Books, 1993.

HADEN-GUEST, Anthony. Art After Money, Money After Art: Creative Strategies Against Financialization. Pluto Press, 2018.

HEIDEGGER, Martin. Poetry, Language, Thought. Harper & Row, 1971.

JUNG, Carl G. The Archetypes and The Collective Unconscious. Princeton University Press, 1981.

MARCUS, Gary; DAVIS, Ernest. Rebooting AI: Building Artificial Intelligence We Can Trust. Pantheon, 2019.

MARQUEZ, Gabriel Garcia. Cien años de soledad. Penguin Random House, 1967.

PLATÃO. *A República*. Tradução de Benjamin Jowett. Penguin Classics, 2003.

SCHÖN, Donald A. The Reflective Practitioner: How Professionals Think in Action. Basic Books, 1983.

SILVER, David. How Creativity Works in the Brain. National Endowment for the Arts, 2015.

STOKES, David. *Creativity from Constraints: The Psychology of Breakthrough*. Springer, 2005.

WALLAS, Graham. *The Art of Thought*. Harcourt, 1926.

YI, Anicka. Anicka Yi: Life is Cheap. Whitney Museum of American Art, 2017.

9 Descubra a Coleção Completa "Inteligência Artificial e o Poder dos Dados" – Um Convite para Transformar sua Carreira e Conhecimento.

A Coleção "Inteligência Artificial e o Poder dos Dados" foi criada para quem deseja não apenas entender a Inteligência Artificial (IA), mas também aplicá-la de forma estratégica e prática.

Em uma série de volumes cuidadosamente elaborados, desvendo conceitos complexos de maneira clara e acessível, garantindo ao leitor uma compreensão completa da IA e de seu impacto nas sociedades modernas.

Não importa seu nível de familiaridade com o tema: esta coleção transforma o difícil em didático, o teórico em aplicável e o técnico em algo poderoso para sua carreira.

9.1 Por Que Comprar Esta Coleção?

Estamos vivendo uma revolução tecnológica sem precedentes, onde a IA é a força motriz em áreas como medicina, finanças, educação, governo e entretenimento.

A coleção "Inteligência Artificial e o Poder dos Dados" mergulha profundamente em todos esses setores, com exemplos práticos e reflexões que vão muito além dos conceitos tradicionais.

Você encontrará tanto o conhecimento técnico quanto as implicações éticas e sociais da IA incentivando você a ver essa tecnologia não apenas como uma ferramenta, mas como um verdadeiro agente de transformação.

Cada volume é uma peça fundamental deste quebra-cabeça inovador: do aprendizado de máquina à governança de dados e da ética à aplicação prática.

Com a orientação de um autor experiente, que combina pesquisa acadêmica com anos de atuação prática, esta coleção é mais do que um conjunto de livros – é um guia indispensável para quem quer navegar e se destacar nesse campo em expansão.

9.2   Público-Alvo desta Coleção?

Esta coleção é para todos que desejam ter um papel de destaque na era da IA:

- ✓ Profissionais da Tecnologia: recebem insights técnicos profundos para expandir suas habilidades.

- ✓ Estudantes e Curiosos: têm acesso a explicações claras que facilitam o entendimento do complexo universo da IA.

- ✓ Gestores, líderes empresariais e formuladores de políticas também se beneficiarão da visão estratégica sobre a IA, essencial para a tomada de decisões bem-informadas.

- ✓ Profissionais em Transição de Carreira: Profissionais em transição de carreira ou interessados em se especializar em IA encontram aqui um material completo para construir sua trajetória de aprendizado.

9.3   Muito Mais do Que Técnica – Uma Transformação Completa.

Esta coleção não é apenas uma série de livros técnicos; é uma ferramenta de crescimento intelectual e profissional.

Com ela, você vai muito além da teoria: cada volume convida a uma reflexão profunda sobre o futuro da humanidade em um mundo onde máquinas e algoritmos estão cada vez mais presentes.

Este é o seu convite para dominar o conhecimento que vai definir o futuro e se tornar parte da transformação que a Inteligência Artificial traz ao mundo.

Seja um líder em seu setor, domine as habilidades que o mercado exige e prepare-se para o futuro com a coleção "Inteligência Artificial e o Poder dos Dados".

Esta não é apenas uma compra; é um investimento decisivo na sua jornada de aprendizado e desenvolvimento profissional.

Prof. Marcão - Marcus Vinícius Pinto

Mestre em Tecnologia da Informação.
Especialista em Inteligência Artificial, Governança de Dados e Arquitetura de Informação.

10 Os Livros da Coleção.

10.1 Dados, Informação e Conhecimento na era da Inteligência Artificial.

Este livro explora de forma essencial as bases teóricas e práticas da Inteligência Artificial, desde a coleta de dados até sua transformação em inteligência. Ele foca, principalmente, no aprendizado de máquina, no treinamento de IA e nas redes neurais.

10.2 Dos Dados em Ouro: Como Transformar Informação em Sabedoria na Era da IA.

Este livro oferece uma análise crítica sobre a evolução da Inteligência Artificial, desde os dados brutos até a criação de sabedoria artificial, integrando redes neurais, aprendizado profundo e modelagem de conhecimento.

Apresenta exemplos práticos em saúde, finanças e educação, e aborda desafios éticos e técnicos.

10.3 Desafios e Limitações dos Dados na IA.

O livro oferece uma análise profunda sobre o papel dos dados no desenvolvimento da IA explorando temas como qualidade, viés, privacidade, segurança e escalabilidade com estudos de caso práticos em saúde, finanças e segurança pública.

10.4 Dados Históricos em Bases de Dados para IA: Estruturas, Preservação e Expurgo.

Este livro investiga como a gestão de dados históricos é essencial para o sucesso de projetos de IA. Aborda a relevância das normas ISO para garantir qualidade e segurança, além de analisar tendências e inovações no tratamento de dados.

10.5 Vocabulário Controlado para Dicionário de Dados: Um Guia Completo.

Este guia completo explora as vantagens e desafios da implementação de vocabulários controlados no contexto da IA e da ciência da informação. Com uma abordagem detalhada, aborda desde a nomeação de elementos de dados até as interações entre semântica e cognição.

10.6 Curadoria e Administração de Dados para a Era da IA.

Esta obra apresenta estratégias avançadas para transformar dados brutos em insights valiosos, com foco na curadoria meticulosa e administração eficiente dos dados. Além de soluções técnicas, aborda questões éticas e legais, capacitando o leitor a enfrentar os desafios complexos da informação.

10.7 Arquitetura de Informação.

A obra aborda a gestão de dados na era digital, combinando teoria e prática para criar sistemas de IA eficientes e escaláveis, com insights sobre modelagem e desafios éticos e legais.

10.8 Fundamentos: O Essencial para Dominar a Inteligência Artificial.

Uma obra essencial para quem deseja dominar os conceitos-chave da IA, com uma abordagem acessível e exemplos práticos. O livro explora inovações como Machine Learning e Processamento de Linguagem Natural, além dos desafios éticos e legais e oferece uma visão clara do impacto da IA em diversos setores.

10.9 LLMS - Modelos de Linguagem de Grande Escala.

Este guia essencial ajuda a compreender a revolução dos Modelos de Linguagem de Grande Escala (LLMs) na IA.

O livro explora a evolução dos GPTs e as últimas inovações em interação humano-computador, oferecendo insights práticos sobre seu impacto em setores como saúde, educação e finanças.

10.10   Machine Learning: Fundamentos e Avanços.

Este livro oferece uma visão abrangente sobre algoritmos supervisionados e não supervisionados, redes neurais profundas e aprendizado federado. Além de abordar questões de ética e explicabilidade dos modelos.

10.11   Por Dentro das Mentes Sintéticas.

Este livro revela como essas 'mentes sintéticas' estão redefinindo a criatividade, o trabalho e as interações humanas. Esta obra apresenta uma análise detalhada dos desafios e oportunidades proporcionados por essas tecnologias, explorando seu impacto profundo na sociedade.

10.12   A Questão dos Direitos Autorais.

Este livro convida o leitor a explorar o futuro da criatividade em um mundo onde a colaboração entre humanos e máquinas é uma realidade, abordando questões sobre autoria, originalidade e propriedade intelectual na era das IAs generativas.

10.13   1121 Perguntas e Respostas: Do Básico ao Complexo– Parte 1 A 4.

Organizadas em quatro volumes, estas perguntas servem como guias práticos essenciais para dominar os principais conceitos da IA.

A Parte 1 aborda informação, dados, geoprocessamento, a evolução da inteligência artificial, seus marcos históricos e conceitos básicos.

A Parte 2 aprofunda-se em conceitos complexos como aprendizado de máquina, processamento de linguagem natural, visão computacional, robótica e algoritmos de decisão.

A Parte 3 aborda questões como privacidade de dados, automação do trabalho e o impacto de modelos de linguagem de grande escala (LLMs).

Parte 4 explora o papel central dos dados na era da inteligência artificial, aprofundando os fundamentos da IA e suas aplicações em áreas como saúde mental, governo e combate à corrupção.

10.14 O Glossário Definitivo da Inteligência Artificial.

Este glossário apresenta mais de mil conceitos de inteligência artificial explicados de forma clara, abordando temas como Machine Learning, Processamento de Linguagem Natural, Visão Computacional e Ética em IA.

- A parte 1 contempla conceitos iniciados pelas letras de A a D.
- A parte 2 contempla conceitos iniciados pelas letras de E a M.
- A parte 3 contempla conceitos iniciados pelas letras de N a Z.

10.15 Engenharia de Prompt - Volumes 1 a 6.

Esta coleção abrange todos os fundamentos da engenharia de prompt, proporcionando uma base completa para o desenvolvimento profissional.

Com uma rica variedade de prompts para áreas como liderança, marketing digital e tecnologia da informação, oferece exemplos práticos para melhorar a clareza, a tomada de decisões e obter insights valiosos.

Os volumes abordam os seguintes assuntos:

- Volume 1: Fundamentos. Conceitos Estruturadores e História da Engenharia de Prompt.
- Volume 2: Segurança e Privacidade em IA.
- Volume 3: Modelos de Linguagem, Tokenização e Métodos de Treinamento.
- Volume 4: Como Fazer Perguntas Corretas.
- Volume 5: Estudos de Casos e Erros.
- Volume 6: Os Melhores Prompts.

10.16 Guia para ser um Engenheiro De Prompt – Volumes 1 e 2.

A coleção explora os fundamentos avançados e as habilidades necessárias para ser um engenheiro de prompt bem-sucedido, destacando os benefícios, riscos e o papel crítico que essa função desempenha no desenvolvimento da inteligência artificial.

O Volume 1 aborda a elaboração de prompts eficazes, enquanto o Volume 2 é um guia para compreender e aplicar os fundamentos da Engenharia de Prompt.

10.17 Governança de Dados com IA – Volumes 1 a 3.

Descubra como implementar uma governança de dados eficaz com esta coleção abrangente. Oferecendo orientações práticas, esta coleção abrange desde a arquitetura e organização de dados até a proteção e garantia de qualidade, proporcionando uma visão completa para transformar dados em ativos estratégicos.

O volume 1 aborda as práticas e regulações. O volume 2 explora em profundidade os processos, técnicas e melhores práticas para realizar auditorias eficazes em modelos de dados. O volume 3 é seu guia definitivo para implantação da governança de dados com IA.

10.18 Governança de Algoritmos.

Este livro analisa o impacto dos algoritmos na sociedade, explorando seus fundamentos e abordando questões éticas e regulatórias. Aborda transparência, accountability e vieses, com soluções práticas para auditar e monitorar algoritmos em setores como finanças, saúde e educação.

10.19 De Profissional de Ti para Expert em IA: O Guia Definitivo para uma Transição de Carreira Bem-Sucedida.

Para profissionais de Tecnologia da Informação, a transição para a IA representa uma oportunidade única de aprimorar habilidades e contribuir para o desenvolvimento de soluções inovadoras que moldam o futuro.

Neste livro, investigamos os motivos para fazer essa transição, as habilidades essenciais, a melhor trilha de aprendizado e as perspectivas para o futuro do mercado de trabalho em TI.

10.20 Liderança Inteligente com IA: Transforme sua Equipe e Impulsione Resultados.

Este livro revela como a inteligência artificial pode revolucionar a gestão de equipes e maximizar o desempenho organizacional.

Combinando técnicas de liderança tradicionais com insights proporcionados pela IA, como a liderança baseada em análise preditiva, você aprenderá a otimizar processos, tomar decisões mais estratégicas e criar equipes mais eficientes e engajadas.

10.21 Impactos e Transformações: Coleção Completa.

Esta coleção oferece uma análise abrangente e multifacetada das transformações provocadas pela Inteligência Artificial na sociedade contemporânea.

- Volume 1: Desafios e Soluções na Detecção de Textos Gerados por Inteligência Artificial.
- Volume 2: A Era das Bolhas de Filtro. Inteligência Artificial e a Ilusão de Liberdade.
- Volume 3: Criação de Conteúdo com IA - Como Fazer?
- Volume 4: A Singularidade Está Mais Próxima do que Você Imagina.
- Volume 5: Burrice Humana versus Inteligência Artificial.
- Volume 6: A Era da Burrice! Um Culto à Estupidez?
- Volume 7: Autonomia em Movimento: A Revolução dos Veículos Inteligentes.
- Volume 8: Poiesis e Criatividade com IA.
- Volume 9: Dupla perfeita: IA + automação.
- Volume 10: Quem detém o poder dos dados?

10.22   Big Data com IA: Coleção Completa.

A coleção aborda desde os fundamentos tecnológicos e a arquitetura de Big Data até a administração e o glossário de termos técnicos essenciais.

A coleção também discute o futuro da relação da humanidade com o enorme volume de dados gerados nas bases de dados de treinamento em estruturação de Big Data.

- Volume 1: Fundamentos.
- Volume 2: Arquitetura.
- Volume 3: Implementação.
- Volume 4: Administração.
- Volume 5: Temas Essenciais e Definições.
- Volume 6: Data Warehouse, Big Data e IA.

11 Sobre o Autor.

Sou Marcus Pinto, mais conhecido como Prof. Marcão, especialista em tecnologia da informação, arquitetura da informação e inteligência artificial.

Com mais de quatro décadas de atuação e pesquisa dedicadas, construí uma trajetória sólida e reconhecida, sempre focada em tornar o conhecimento técnico acessível e aplicável a todos os que buscam entender e se destacar nesse campo transformador.

Minha experiência abrange consultoria estratégica, educação e autoria, além de uma atuação extensa como analista de arquitetura de informação.

Essa vivência me capacita a oferecer soluções inovadoras e adaptadas às necessidades em constante evolução do mercado tecnológico, antecipando tendências e criando pontes entre o saber técnico e o impacto prático.

Ao longo dos anos, desenvolvi uma expertise abrangente e aprofundada em dados, inteligência artificial e governança da informação – áreas que se tornaram essenciais para a construção de sistemas robustos e seguros, capazes de lidar com o vasto volume de dados que molda o mundo atual.

Minha coleção de livros, disponível na Amazon, reflete essa expertise, abordando temas como Governança de Dados, Big Data e Inteligência Artificial com um enfoque claro em aplicações práticas e visão estratégica.

Autor de mais de 150 livros, investigo o impacto da inteligência artificial em múltiplas esferas, explorando desde suas bases técnicas até as questões éticas que se tornam cada vez mais urgentes com a adoção dessa tecnologia em larga escala.

Em minhas palestras e mentorias, compartilho não apenas o valor da IA, mas também os desafios e responsabilidades que acompanham sua implementação – elementos que considero essenciais para uma adoção ética e consciente.

Acredito que a evolução tecnológica é um caminho inevitável. Meus livros são uma proposta de guia nesse trajeto, oferecendo insights profundos e acessíveis para quem deseja não apenas entender, mas dominar as tecnologias do futuro.

Com um olhar focado na educação e no desenvolvimento humano, convido você a se unir a mim nessa jornada transformadora, explorando as possibilidades e desafios que essa era digital nos reserva.

12 Como Contatar o Prof. Marcão.

12.1 Para palestras, treinamento e mentoria empresarial.

marcao.tecno@gmail.com

12.2 Prof. Marcão, no Linkedin.

https://bit.ly/linkedin_profmarcao